길이 보이지 않을 때는 숲으로 가자

길이 보이지 않을 때는 숲으로 가자

발 행 일 2025년 11월 14일
지 은 이 이양수
편 집 구부회
발 행 처 도서출판 담아서
주 소 경기도 시흥시 배곧3로 27-8
전 화 0505-338-2009
팩 스 0505-329-2009
계좌번호 신한 110-240-197576 (예금주: 구부회)
등록번호 2021-000013호

ISBN 979-11-94121-61-9 (03230)

독자의 의견을 기다립니다.
damaserbooks@naver.com

이 책의 출판권은 도서 출판 담아서가 소유합니다.
신저작권법에 의하여 한국 내에서 보호를 받는 저작물이므로 무단 전재와 무단 복제를 금합니다.

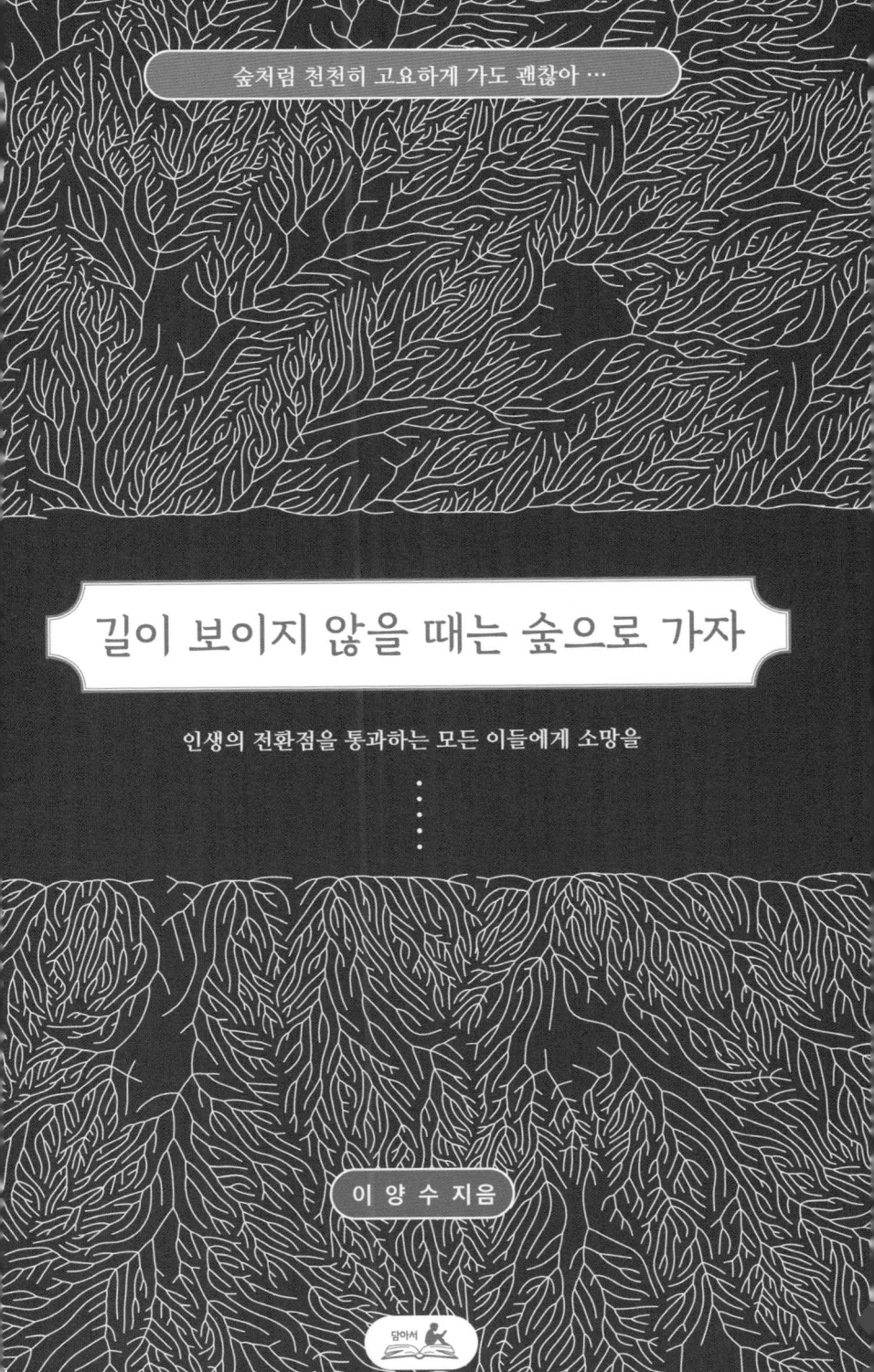

추천사 1

김수중 박사
목사, 조선대학교 국어국문학과 명예교수

신앙과 사색, 그리움의 결집

　이양수 시인의 세 번째 시집 『길이 보이지 않을 때는 숲으로 가자』의 출간을 기뻐하며, 인생의 길을 찾으려 애쓰는 분들에게 이 한 권의 시집을 권합니다. 저 역시 길을 찾는 한 사람으로서 이양수 시인의 시를 읽으며 내 삶의 덧없는 시간을 돌아볼 수 있었고 사유의 자리를 모색하는 진지한 경험을 했기 때문입니다.
　저는 이양수 시인의 첫 시집 『엄마를 기다리는 아이』와 두 번째 시집 『사색이 세 든 방』에 연이어 시 해설을 썼던 국문학 교수입니다. 처음에는 이 시인이 순결한 마음으로 간직해 온 체험을 고백하는 모습이 아름다워 '시는 인간의 체험에 의미를 부여하는 작

업'이라는 명제를 내건 해설을 내놓았습니다. 이양수 시인의 다음 시집은 감성의 자리를 지켜내며 사유의 지대로 건너가는 인식을 보여 주고 있었습니다. 이에 따라 저는 두 번째 해설의 첫머리를 '인식론적 접근법'으로 장식하면서 그의 시가 맑은 영혼의 울림과 신앙적 인생의 사유로 조화되는 모양을 긍정적으로 기술하였습니다.

세 번째 시집의 간행 소식이 들려올 무렵이 되어 시인의 소식이 궁금하던 차에 그는 자신의 음성과 함께 한 무더기 원고를 실어 보내왔습니다. 그동안 시인은 안식 휴가를 얻어 멀리서 가족과 함께 뜻깊은 체험과 사유의 시간을 가졌다고 합니다. 숲이 우거진 곳들에서 얻은 생각이 시로 형상화되어 삶의 길을 보여 주는 소중한 작품들로 탄생하게 되었습니다.

이제 저는 두 번에 걸친 해설자의 책임을 마치고 추천자 역할로 자리를 옮겼습니다. 책의 끝자리에서 맨 앞쪽으로 자리바꿈을 한 것이라 임무가 더 무거워진 느낌입니다. 사실 저는 이미 은퇴한 사람인지라 시인에게 새로운 힘을 불어넣는 데 한계가 있지 않을까 하는 걱정을 떨치기 어려웠습니다. 지금은 해설을 벗은 홀가분한 마음으로, 그러나 이양수 시인의 시를 3년에 걸쳐 세세히 읽고 분석했던 경험으로, 그의 시집을 여러분께 추천합니다. 이 시들은 신앙과 사색, 그리움이 결집한 삶의 보석으로서 독자들의 곁에 오래도록 남아있을 것입니다.

추천사 2

김운용 박사
목사, 장로회신학대학교 22대 총장, 예배설교학 교수

작은 가슴에 하늘을 품은
꽃초롱 하나 불을 밝힌다

입추에도 무더위가 여전히 기승을 부리던 어느 날, 한강 산책길에 보니 매미 한 마리가 길바닥에 드러누워 있었습니다. 불볕더위에도 아랑곳하지 않고 귀가 먹먹할 정도로 목이 터지라고 울어대던 매미가 길바닥에 누워있으니 신기했습니다. 매미 중 덩치도 가장 크고 소리도 우렁차며, 웬만한 거미줄은 끊어버릴 정도로 힘이 센 왕매미(말매미)였습니다. 잠시 쉬고 있는 모습이어서 다가가 손가락으로 슬쩍 터치했는데도 반응이 없는 것을 보니, 죽은 것이 분명했습니다. 신기하게 바라보는 저에게 그렇게 말을 걸어오는 듯했습니다. "다 울었다."

매미는 한철 울기 위해 유충으로 땅속에서 3년에서 길게는 17년 세월을 보낸다고 하지요. 깜깜한 어둠 속에서 나무뿌리의 수액을 빨면서 그 긴 세월을 기다렸으니, 가로수에 매달려 지축이 흔들릴 정도로 울어대는 이유는 한 가지, '노래할 때'이기 때문입니다. 긴 기다림의 시간이 지나고 노래할 날이 왔으니, 시끄럽다고 인상 찌푸리는 사람들 비난이 문제이겠습니까?

짧은 여름밤, 끝이 다가오고 있어 핏대를 세우고 울어대는 것이지요. 보통 매미는 성충으로 지상에서 4주 정도 살다가 죽습니다. 매미가 우는 것은 짝짓기를 위해서이며, 수컷만 웁니다. 그 요란한 매미 울음소리는 암컷에게 자신의 위치를 알리고, 구애의 노래를 보내는 것입니다. 그래서 안도현 시인은 그의 시에서 그렇게 적습니다.

> 울지 않으면 보이지 않기 때문에 매미는 우는 것이다.
> 다 울었다!

생의 노래를 마치고 길바닥에 드러누워 있는 매미를 보며 이렇게 당당하게 외칠 수 있다면 잘 산 것이라는 생각을 갖습니다.

저자는 주님의 양무리를 목양하는 목회자입니다. 아침이면 일찍 일어나 양무리를 인도하고, 그들과 함께 노래를 부르며 아름다운 인생길, 믿음의 길을 걷는 사람입니다. 그의 세 번째 시집은 맑은 물이 넘쳐나는 '넓은 샘'(廣川)에서 성도들과 함께 걷는 길에서 허락하신 은혜를 누리면서 함께 불렀던 노래를 담은 것입니다. 목자의 사랑을 가득 담아 하늘 신비를 전하는 말씀의 깊은 샘으로, 푸른 초장으로 인도하려는 목자의 고민과 간절함, 벅찬 가슴을 만나게 됩니다. 그의 시는 목양의 현장에서 터져 나온 노래이며, 긴 역사 가운데 역사하신 하나님께서 우리 인생길에 이렇게 놀랍게 역사하고 계심을 더 선명하게 보여 주려는 목자의 마음이 담겼습니다.

하나님께서는 시대마다 신실한 하나님의 사람을 세우셔서 교회와 당신의 백성을 돌보게 하셨습니다. 광야 시대를 마치고 가나안 정착의 시대를 활짝 열었던 한 영웅이 사라지는 때를 성경은 이렇게 언급합니다.

> 여호수아가 나이 많아 늙은지라(수 23:1).

화자가 전하는 객관적 관점으로 시작된 말씀은 주관적 고백으로 이어집니다.
'나는 오늘 온 세상이 가는 길로 간다.'
한 시대가 끝나고 있습니다. 이야기의 끝을 전하면서 그 내러티브 중심에 그가 아니라 여호와 하나님께서 우뚝 서 계심을 선명하게 보여주기 위해 반복 어구가 등장합니다.

> 너희의 하나님 여호와께서 …

작은 가슴 가득 하늘을 품고 살았다는 고백입니다. 이렇듯 믿음의 영웅들의 이야기와 고백, 증언의 중심에는 여호와 하나님이 우뚝 서 계십니다. 생의 마지막 순간에도, 죽어서도 이 사실을 부단히 증언합니다. 그래서 오경학자 마틴 노트(Martin Noth)는 다음과 같이 주장합니다.

> 여호수아가 이제 야전사령관의 옷을 벗고 토라(말씀) 앞에 섰다.

세움 받은 자리에서 힘껏 섬겼고, 인생 마지막 순간에도 그분이 행하신 일을 힘껏 증언합니다. '나는 작은 가슴에 큰 하늘을 품고 평생을 달렸습니다.' 그리고 그는 '이야기'로 남습니다. 어스름 어둠이 내리는 때, "꽃 초롱 하나가 불을 밝힌다"는 박정만 시인의 작은 연가를 다시 가슴에 담으면서 우리 남은 생도 더 뜨겁고 간절하길 바랍니다.
  저자의 세 번째 시집이 들려주는 새 노래를 들으면서 다시 일어나 '믿음의 길'을 힘차게 달릴 수 있는 동력이 공급되길, 그리고 여정 끝자락에서 '다 울었다!'고, 우리도 자신 있게 외칠 수 있길 빕니다.

> 그 길을 걷게 되어 나의 삶은 복되다!

이 시집을 읽는 사람마다 부디 그 고백과 확신이 가득했으면 좋겠습니다. 시집 출간을 기뻐하며, 일독을 권합니다.

추천사 3

함순자 수필가
한소망교회 권사, 한국 수필문학상 등 다수 수상

기도가 시가 되고, 시가 기도가 되고

조용한 새벽, 하나님 아버지를 만나는 시간이면 가끔 이양수 목사님의 기도를 기억하곤 합니다. 목사님이 저의 교회 사역 하실 때 드리던 기도는 지금도 기억에서 지워지지를 않고 우둔한 심령을 깨웁니다. 맑고 정갈한 목자의 음성은 쉴만한 물가 푸른 초장으로 인도하는 선한 목자의 음성이었고 마음 한 구석에 자리 잡고 있습니다. 천사도 흠모할만한 천상의 소리였고 저의 기도의 자세를 바르게 세우는 단초(端初)가 되었습니다.

기도의 깊이와 넓이를 가늠할 수 없지만 순백의 언어에 배어 있는 맑은 생수 같은 기도는 시편이었습니다. 어느 날 용기 내어 "목사님 시인이시지요?" 저의 물음이 당돌했는지 선한 웃음으로 답을 피하시던 그 모습이 지금도 선명합니다.

목사님의 첫 시집을 받아 들고 얼른 열지를 못했습니다. 그 청량한 기도의 언어들을 어떤 모습으로 시로 풀어내셨을까 두근거렸습니다. 그 기도가 시로 승화되어 독자의 가슴을 울리는 사랑의 송가로 불리어지는 것은 목자 이전에 시인이심을 알게 합니다. 잔잔한 윤슬의 빛처럼 곱고, 난향처럼 스며드는 무음의 노래인 목사님의 시에서 그림자 없는 목사님의 맑은 마음을 봅니다. 어머니가 무거운 가난을 이고 외지에 밥벌이를 나가시면 기다림에 지친 소년 목사님은 이미 시가 양식이고 위로였습니다. 작은 이름 모를 풀에게도 꽃 이름을 달아주는 것은 결핍의 아픔을 참아온 인내의 수확이고 넘어져도 일어서는 하얀 갈대의 생명력에서 아버지를 만나심은 그리움입니다.

설교 원고를 준비하시면서도 이면지에 요동치는 가슴의 외침을 적습니다. 그 소리는 소안도의 그리움이며 어머니의 눈물 어린 기도소리요 못 다 갚은 효도의 뉘우침입니다. 더 나아가 양들을 보살피는 목자의 마음과 그 살뜰한 사랑의 음성이 원고지에 차곡차곡 쌓여 가겠지요.

삶의 흔적이 詩로 바뀌는 순간의 환희, 자연에서 솎아 낸 그 풍성한 열매들, 모두가 아름다움이고 시로 변화한 기도입니다. 그래서 목사님의 시에는 그리움이 있고 기다림이 있고 사랑이 있습니다. 목사님의 시에 화답하듯 귀 기울여 보십시오. 고통이나 슬픔도 꽃을 피우기 위한 과정임을 배우게 될 것이며 지칠지라도 선택받은 자가 가야만 하는 길이 보일 것입니다. 또한 선한 목자의 음성을 들을 수 있으며 주님을 향한 아름다운 노래도 듣게 될 것입니다. 목사님의 시는 은총으로 우리 곁에 있습니다.

  잠자는 영혼이 깨어나고, 광천교회 성도들의 사랑과 아픔과 고통까지도 안으시고 시를 쓰시며 "길이 보이지 않을 때는 숲으로 가자"라고 하십니다. 숲은 길이 없습니다. 쓰러져 가는 영혼을 일으키는 목사님의 손을 잡고 함께 숲을 헤치고 가십시오. 별에서 떨어진 눈물이 이슬이라면 목사님의 일상에서 담아낸 시의 언어는 목마른 영혼의 생수입니다.

4 추천사
　　김수중 박사 (목사, 조선대학교 국어국문학과 명예교수)
　　김운용 박사 (목사, 장로회신학대학교 22대 총장, 예배설교학 교수)
　　함순자 수필가 (한소망교회 권사, 한국 수필문학상 등 다수 수상)

16 프롤로그
114 에필로그

20 제1부 | 여백

22 겨울 갈대
24 갈참나무를 매만지면
26 극락교를 지나며
28 여백
30 꽃집 아가씨
32 낙엽 인생
34 대나무 숲 바람
36 마음의 숨바꼭질
38 별이 지는 밤
40 부모라는 이름은

42 제2부 | 서귀포

44 서귀포
46 한라산
48 사려니 숲길에서
50 대포 주상절리대
52 부정(父情)
54 바다도 섬이 된다
56 소안도
58 엄마 얼굴
60 달랏 야시장에서
62 우리는 섬이다

14 길이 보이지 않을 때는 숲으로 가자

64 　제3부 | 기억하라

66 　독일엔 숲이 많다
68 　바르트부르크 성으로 가는 길
70 　종소리
72 　세상의 모든 여행족(族)들에게
74 　광장
76 　내가 사랑하는 것들
78 　임종의 방
80 　기억하라
82 　이방인
84 　백조를 사랑한 왕의 이야기

86 　제4부 | 마지막 고백

88 　나는 다시 슬픔의 밤으로
　　　가야 한다
90 　동화(冬花)야 동화야
92 　마지막 고백
96 　홍매화
98 　시편을 노래하다 (시편 17편)
100 　안식월
102 　겨울이 지나고 봄이 오다
104 　사랑하느냐고 묻거든
106 　풀잎에게
108 　함부로 말하지 마라
110 　통증
112 　비로소 보이는 것들

목차

프롤로그

　시를 쓴다는 것이 요즘의 날씨와 같다. 요즘의 날씨는 종잡을 수가 없다. 마른 하늘이다가 갑자기 먹구름이 끼고, 하늘에 구멍이 뚫린 듯 세찬 비가 내린다. 그러다가 언제 그랬냐는 듯이 맑게 개고 해가 뜬다.
　이번 세 번째 시집의 시들이 내게 그랬다. 몇 달이 되었는데도 시 한 편이 안 써질 때도 있었다. 나는 몇 편의 시만을 쓴 채 거의 반년을 보냈다. 먼저 쓴 시들이 자신들을 구해달라고 아우성을 쳤다. 그러나 내게는 시들을 감당할 필력(筆力)이 없었다. 그러다가 나는 안식월을 맞아 아내와 함께 유럽의 종교개혁지를 탐방할 기회를 얻었다. 오 남매를 낳고 키우며 고생하느라 나와 함께 외국행 비행기를 타 본 적이 거의 없는 아내와 함께 모든 것을 내려놓고 갔다. 가서 보니 그것은 단순한 여행이 아니라, 내가 그렇게 인용하고, 소리쳤던 루터를 비롯한 종교개혁자들을 대면할 수 있었

던 좋은 기회가 되었다.

  8월에는 제주도에서 가족들과 시간을 조금 보낼 수 있었다. 서귀포의 앞바다와 뒤편에 있는 한라산을 매일 바라볼 수 있었던 것은 참 행운이었다. 나의 멈춰 있었던 시심들은 여행을 통해서 불같이 일어나서 이번 시들이 쓰였다. 가장 느리게 걷는 여행, 여행을 하며 보았던 숲, 바다, 산, 하늘과 같은 자연을 통해서 가장 치열했던 열정들이 다시 살아났다. 그 덕분에 이번 시집을 낼 수 있었다.

  그래서 이번 시집을 낼 수 있는 것은 안식월을 허락해 준 광천교회 성도들이 있었기 때문이다. 천천히 걷는 걸음을 통해서, 멈추어 있는 시간을 통해서 보이지 않던 나 자신을 더 잘 볼 수 있게 되었다. 그래서 우리 광천교회 성도들에게 큰 감사를 드린다. 대놓고 사랑하지 않고 조용한 마음으로 사랑하시는 아버지처럼 저를 위해서 보이지 않게 늘 기도해 주시며 격려해 주시는 광천교회 박금호 원로목사님께도 큰 감사를 드린다.

  이번 시집의 추천사를 써주신 분들께도 깊은 감사를 드린다. 김수중 박사님은 저의 첫 번째, 두 번째 시집의 시 해설을 써주셨는데

이번에는 깊은 애정으로 추천사를 정성껏 써 주셨다. 김운용 총장님은 바쁜 학교 일과 저서 집필 중에도 사랑하는 제자의 시집 출간을 축하해 주시며 추천사를 써 주셨다. 수필가 함순자 권사님은 제가 한소망교회에서 부교역자로 섬길 때, 같은 속교회 권사님이셨는데, 지금도 저를 위해 기도해 주시고, 따뜻한 어머니의 마음으로 추천사를 써 주셨다. 세 분 모두 저를 깊이 사랑하는 마음으로 추천사를 써 주셨기에 더 귀하고 감사하다.

　세 번째 시집 출간은 사랑하는 아내 온선화 사모와 착하게 자라 준 우리 딸들과 아들이 있었기 때문에 가능했다. 예은, 예진, 예원, 예하, 예슬, 오 남매는 무엇과도 바꿀 수 없는 나의 보배들이다. 가족들의 변함없는 지지와 사랑은 시집 출간을 북돋아 준 힘이고 위로였다.

　저의 세 번째 시집에 예쁜 사진과 여백들로 독자들에게 쉼을 주신 도서출판 담아서 구부회 대표님께도 감사를 드린다.

　나도 목회를 하면서, 때로는 길이 보이지 않을 때가 있었다. 여기까지 오면서 내가 지금 바른 길로 가는 것인지를 알 수 없는 때도 있었다. 이 시들을 통해서 길이 보이지 않는 자들에게 당신은 지금 잘 가고 있다는 격려가 되었으면 좋겠다. 여행하면서 보았던 많은 숲처럼 숲에서는 모든 것이 다 받아들여지고, 그것이 있어야 숲이 된다는 지혜를 얻었으면 좋겠다. 인생의 전환점을 통과하는 모든 이들에게 이제는 남의 평가와 기준에 나 자신을 다그치지 말고, 자신을 사랑해 주고, 안아 주면서 숲처럼 천천히 고요하게 가도 괜찮다고 말해 주고 싶다. 길이 보이지 않을 때는 숲으로 가라고 말해주고 싶다. 지치고 아무것도 아닌 나를 숲처럼 고요하게 품어주신 하나님께 모든 영광을 돌린다.

2025. 푸른 숲이 무성한 8월에.

제1부 여백

겨울 갈대
갈참나무를 매만지면
극락교를 지나며
여백
꽃집 아가씨
낙엽 인생
대나무 숲 바람
마음의 숨바꼭질
별이 지는 밤
부모라는 이름은

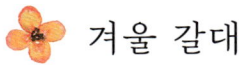 ## 겨울 갈대

바람이 훑고 지나가면
세월의 주름이 잡히고
몸짓이 저녁노을에 입혀진다

메마른 몸 하나 세우고
기운 달처럼 비스듬한 허리가
겨울바람에 이리저리 휜다

어깨를 펴라고
기죽지 말라고
당당하게 걸으라 하셨던
아버지는 어느새
허리가 굽은 몸이 되었다

아버지 없는 세상이 몸이 되고
소나무 솔방울같이 달린 식구들이 눈물이 되고
매일 만나는 거친 바다가 한숨이 되었다

자식에게는 그렇게 말해놓고
굳은 맹세도 지키지 못한 채
누런 갈대같이 아버지는
세월이 되어 버렸다
겨울바람이 굽은 갈대를 흔든다

갈참나무를 매만지면

숲길에서 길을 잃었다
길을 찾으려다 문득 손을 짚었다
둔탁하고 거친 나무의 살결에 놀랐다
세월의 분방함처럼
계절의 소란함처럼
복잡한 나뭇결이 눈에 들어왔다
상처는 다 달라도 하나가 되어 있었다
모양과 크기는 달라도 그것이 나무가 되어 있었다

갈참나무에는 아버지의 잔상이 맺혀 있다
갈참나무로 만들어주시던
아버지의 팽이는 간 곳 없다
아버지의 거친 주름살 깊은 손 마디만 있다
그래서 나도 모르게
갈참나무를 껴안았다
아버지의 심장 소리를 들으려 했다
아버지의 거친 손이 내 얼굴을 쓰다듬고 있었다

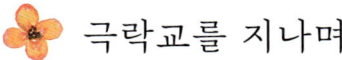 ## 극락교를 지나며

강물 위를 스르르
지나는 극락교
배 밑창엔
모세혈관처럼 담쟁이덩굴이
잠식했다

이편과 저편
너와 나를 연결해 주는 것은
내면을 타고 흐르는 혈관임을
저녁 햇살이 가르쳐 주었다

진정 세상을 잇는 것은
도드라진 외면이 아니라
보이지 않는
숨어 지내는
가느다란 생명의 얽힘인 것을
극락교 아래를 지날 때마다
내 마음의 벽에 새긴다

 여백

나의 시 원고는
설교 원고 뒷면
설교 후 버려진 이면지에
낱낱이 시어들이 자리 잡는다

이 세상에 여백이라도 있다면
이토록 쓰임 받는 걸
사람이라도
여백이 있어야 살 수 있건만
나는 빈 곳을 채우라고
강요하는 세상에서 살았다

가려진 세상
감추어진 내면
빈 곳이 있어야 숨을 쉰다
그게
내 시의 탯자리다

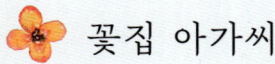 **꽃집 아가씨**

집 앞 작은 꽃가게
아침에도 가면 문을 열어주고
자정에도 가면 문을 열어준다
비둘기 몇 마리 서성이는
새벽에도 가면 문을 열어준다

그녀는 잠도 없다
그녀는 내가 가면 가게 불을 켠다
주문만 하면 금 새
꽃다발을 내 온다

이십 사시 무인점포
언제나 가도 꽃을 안겨주지만
얼굴은 보여 주지 않는다
꽃이 아닌
꽃집 아가씨 보러 갔던
젊은 날의 풋풋한 추억이 사라졌다
향기 같은 추억이
이십 사시 무인 방범창에 갇혀 버렸다

낙엽 인생

가을볕도 갈참나무 뒤에 숨는
오솔길 위에 낙엽들이 후드드드 진다
어린아이처럼 길 위에 앉아
하염없이 낙엽을 매만진다

아직 떨어지지 않을 것 같은 파란 놈도 있고
손대기가 무섭게 바스러지는 마른 놈도 있다
술통에 빠졌다가 나온 놈처럼 붉은 놈도 있다
얼굴에 한 근심 담은 노란 놈도 있다
벌레에게 제 몸 드려 살찌고 자신은 구멍 난 놈도 있다

저게 인생인걸
어디에서 나의 목숨은 지게 될까
어떻게 어떤 모습으로 살다가
내 고요한 몸을 누일 수 있을까

이런저런 낙엽 곁에
바늘같이 뾰족한 솔잎 숨어 있다
죽을 때까지 남의 속 찌르는 놈도 있다
그게 인생이다
낙엽이 인생이다

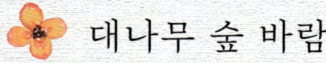 대나무 숲 바람

대나무는 언어의 마술사
말하지 않아도 소리가 난다
똑똑똑 빗방울 가끔 떨어지는 소리가 나고
탁탁탁 무쇠솥에서 요리하던 어머니
눈물 같은 소리가 난다
바람이 세월 곁을 지날 땐
사스락 사스락
나락 쓰러지는 소리가 난다

촘촘한 몸짓에 가둬둔
추억이 부서져
계절에 잇대는
영원의 소리가 난다

마음의 숨바꼭질

녹음이 짙은 교정
발랄 거리는 청춘들 곁을
눈칫밥 먹는 아이처럼
거닐다가 고개를 숙인다

교수동 건물에서
나오던 학생들이 나에게
우르르 인사를 건넨다
나를 교수로 알았나 보다
나도 할 수 없이 인사를 한다
나는 교수가 아니야 말하기도 전
저만치 새들처럼 가버렸다

와이셔츠에 양복에 구두에
잘 가른 이대팔 머리가 문제였나
그다음 주에는 캐주얼로 다시 걸었다
인사는 안 해도 몸짓에 눈짓에
교수처럼 교수님처럼 대한다

나는 대학교 교정을 거닐면
가끔씩 교수가 된다
나는 내 마음으로 숨는다

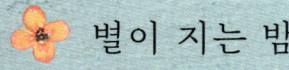 별이 지는 밤

촘촘히 박힌 별의 길 따라
풀벌레도 잠에서 덜 깬 고갯길 넘어
새벽처럼 부지런한 엄마 손 잡고
십자가 보이는 예배당에 갔다

길이 보이지 않을 때는
별을 바라보고 가라시던
엄마의 웃음소리 귓가에 맴돌건만
내 어머니 이제는 하늘의 별이 되었다

별에 부딪히는 달빛에
한 걸음 한 걸음 걷자
어느새 집에 도착하듯
하늘 아버지 바라보고 산 세월
어느덧 내게도
별이 지는 밤이 찾아왔다

그러나
별이 지는 밤이 찾아와도
밤에 지지 않는 별이 된다면
고난 속에서 스러지지 않고
목놓아 더 울었던 내 어머니
향기 같은 별이 되리라

별이 지는 이 자리
길을 찾는 이에게 길 하나 되고 싶다
엄마의 등 뒤로
아스라이 멀어져 보이는 별 하나 보고 가는
아이 닮은 상처 입은 이에게
눈물방울 하나 담은
별빛이 되고 싶다

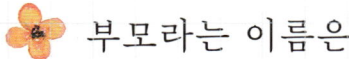 ## 부모라는 이름은

계절은 꽃들의 향연
노랑, 빨강, 분홍, 하양……
꽃들은 옷을 잘도 갈아입는다

노오란 개나리가 피면
엄마의 노란 삼베 저고리가 떠오르고
빠알간 봉숭아가 피면
매니큐어 없이 살아도 수수했던
엄마의 손이 떠오른다
꽃샘추위에도 핀 분홍 매화를 보면
겨울에도 쉬지 못하고 갯일을 했던
아버지의 얼굴이 떠오르고
하양 천지 이팝나무 아래로 가면
고난 속에서도 피어난 아름다운
부모님들의 인생을 생각한다

꽃이 피고 지는 거리를 걸어가도
입맛 맞는 음식 하나를 먹어도
멋지게 운전하면 달려드는 풍경을 봐도
이런 것 하나 누리지 못하고 떠난
우리 엄마 아버지가 생각난다
부모라는 이름은 왜 이렇게 가여운지
부모라는 이름은 왜 이렇게 눈물이 나는지

내가 떠나면
우리 새끼들도 나처럼 눈물지을까

제2부 서귀포

....

서귀포

한라산

사려니 숲길에서

대포 주상절리대

부정(父情)

바다도 섬이 된다

소안도

엄마 얼굴

달랏 야시장에서

우리는 섬이다

서귀포

부지런히 낚시꾼들을 실어 나르는
가냘픈 배 한 척
망망대해 수평선에
섬처럼 지나는 화물선들
그저 외로이 바다를
응시하는 무인도
낚시꾼과 관광객을
무심한 듯 받아들이는
검은 몸
타향살이에 지친 자식들
온몸으로 다 받아주던 어머니처럼
여름날에도 텃밭에 나가 일하느라
햇볕에 그을린 손
그래도 자식들 보내고 뒤돌아서면
피어오르던 환한 미소
회색 빛 돌섬 뒤로 아침 해가 떠오른다
그리운 바다 나의 서귀포
이제는 안녕

 한라산

며칠 째 계속 비가 내렸다
구름에 뒤덮인 산자락은
이곳이 한라산이라고 말한다
보일 듯 말 듯
말쑥한 다리만 보여 주던
술래잡기 내 친구처럼

하늘 위로 떠돌던 구름도
더 높은 곳으로 올려 보내고
양 옆으로 팔을 벌리고
환한 얼굴을 내민다

너였구나 탄성이 터졌다
화장도 안 하고 쌩얼을
부끄럽게 내 보이는 아내처럼
그래도 여전히 숨기고 싶은가

삼일 동안 너의 모습을 계속 보았다
아침에 일어나면
나른한 오후가 되면
햇빛도 기가 죽는 저녁이 되면
내일은 못 볼 것처럼 널 보았다
정말 삼 일이 지나고
예언처럼 구름에 덮여버렸다

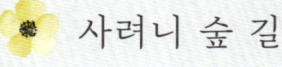 **사려니 숲 길에서**

빛이 살처럼 땅에 박히고
바람 소리도 들리지 않는 숲
맞추라고 해도 그렇게 맞출 수 없는
셀 수도 없는 삼나무들이
저마다의 이야기를 품고 서 있다

다 같은 것 같지만 다 다른
다 다른 것 같지만 다 같은
숲길에서 난 길을 찾는다

나도 나의 이야기가 있고
너도 너의 이야기가 있건만
우리는 그동안 너무 이야기 없이 살았다
나의 이야기가 별것 아닌 것처럼

나뭇가지 끝에 매달린 잎사귀가
파르르 몸을 떤다
나도 이렇게 버티며 살아있다고 소리친다

인생에서 길을 잃었다고 느낄 때
숲으로 가자
내 영혼의 가여움이 목까지 차오르거든
숲으로 가자

외로이 흔들리는 나뭇가지에
걸터앉은 산새 한 마리도
막 돋아나기 시작한 보드라운 새싹도
이미 떨어져 눈길 주지 않는 낙엽도
제멋대로 춤추는 풀 한 포기도
이곳에서는 이토록 아름다운 수놓음을 보라
어둠 속에서 더 선명한 빛자락 내는
햇빛의 위로를 보듬어 안고 울어라
허리 굽은 낮은 숨결에
혼을 불어넣는 바람의 노래를 들어라

온갖 생명이 고요히 움직이는 사려니에서
숲길에서 난 길을 찾는다

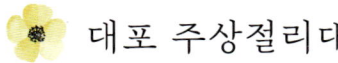 ## 대포 주상절리대

너는 몇 번의 파도를 맞아봤니
너는 소금처럼 흰 포말을 얼마만큼 먹어봤니
너는 저 멀리 떠나가는 배에게 몇 번의 손짓을 했니
너는 별이 뜨고 별이 지는 밤하늘을 얼마나 바라보았니
너는 아침 해에 실려오는 온화한 미소에 몇 번 입 맞추었니
너는 네가 오랫동안 외로이 서 있어야 한다는 것을 언제 알았니
너는 만선의 어부에게도 고단한 어부에게도 어떤 위로를
보내주었니
너는 흰 파도에 몸이 휘감겨도 몸이 검어야 한다는 슬픔을
몇 번이나 가져보았니
너는 수많은 사람들 속에 너를 응시하는 나를 어떻게
알아보았니

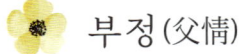 ## 부정(父情)

키도 몸집도 거대해지는 아이
언제 이렇게 자랐냐
아이는 중학생이 되었고
후에는 대학생이 되고 성인이 될 것이다
그래도 난 이 아이를
아장아장 걸음을 걷고
아빠의 입에 고스란히 입 맞추고
부르기만 하면 신록 같은 대답을 해 주던
어린 시절로만 기억한다

그저 바라보기만 해도 좋고
몸짓 하나에도 웃음 짓던 날들
거기에 난 묶여 있다
어떤 슬픔이 찾아와도
사랑하기로만 했던 마음
아버지의 운명이다

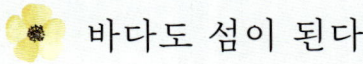 바다도 섬이 된다

오름의 아래쪽에서 본 서귀포
높은 바위섬과
저 멀리 고래등처럼 가느다란 여 하나
바다와 함께 하는 섬의 풍경들
이웃나라로 알 수 없는 사연 싣고 가는 배
밤 새 그물질에 지친 한숨 내쉬는 고깃배
캄캄한 밤하늘 밝히는 불빛
바다를 그리워하는 망부석 같은 나도
어느새 섬이 된다

너도 나도 섬이 된다면
우리 어찌 외롭겠는가
우리가 함께 하여 바라본다면
어찌 눈물뿐이겠는가
나는 너의 바다가 되고
너는 나의 섬이 된다면
우리가 서로 하나가 된다면

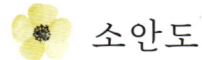 소안도

배를 타고 선착장에 내리면
아무 할 일도 없는 게으른 아이처럼
난 차를 몰고 아주 천천히 고향집으로 간다

바다를 막은 도로 중간쯤에서
나는 왼쪽으로 눈을 든다
저어기 저기 앞 산
이 바다가 보이는 풀 무성한 밭에
부모님이 잠들어 계신다

평생 바다 일 고생만 하셨던
우리 엄마 우리 아부지
뭐가 그립다고 바다 잘 보이는 곳에
잠드셨나요

사랑하는 가족들
살아온 삶의 보따리 풀기 전에
잠드신 부모님을 먼저 본다

삶은 죽음을 아는 자에게
찾아오는 선물
죽음은 삶보다 앞서가는 예언자
길의 중간쯤에서 난 철학자가 된다

엄마 얼굴

예닐곱 번쯤 된다
엄마가 돌아가신 후에 내 꿈속에 나온 것이
문득 엄마가 보고 싶을 때가 있다
친구들과 같이 양산 쓰고 장에 가는 할머니들 보면
시원한 냉수 설탕물에 국수 먹는 내 모습을 보면
올해 김은 흉작이라는 형님의 말을 듣다 보면
엄마 얼굴이 아른거린다
그 마음을 잔뜩 먹고 잠을 자도 엄마는 없다

꿈에 보일 때도 엄마는 표정이 없으시다
시집와서 노래할 때처럼 떨리는 목소리로
나를 불러주면 좋으련만
호탕하게 활짝 웃기라도 하면 더 좋으련만
이 놈아 하고 호통이라도 치면 좋으련만
그래야 꿈속에서라도 용서받을 것들 말하고 싶은데
그래야 살면서 더 많이 떠오르는
못된 내 모습 지울 수 있을 텐데

엄마는 언제나 그 얼굴
슬픈 눈으로 나를 안아 주기만 하신다
꿈을 깨면 밤새 내린 눈처럼 아픔만 쌓인다

이제는 사진첩을 들추어
희미한 윤곽을 그려야 기억나는 엄마 얼굴
이러다 나 엄마 얼굴 잊을 것만 같아
오늘은 엄마를 보고 싶다는 기도를 드리고
오지도 않는 잠을 청한다
나 그렇게 좋아하는 창문의 별빛도
두 줄 감옥같은 블라인드에 가둔 채

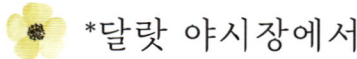 *달랏 야시장에서

나오길 잘했다

저마다의 인생을 말하는 불빛이
하나둘씩 켜지고
햇빛처럼 넓게 펴놓았던 사람들을
진공청소기처럼 이곳에 모아 놓았다

가장 친절할 것 같은 몸짓으로 말하는
호객꾼은 계속 지껄인다
이곳저곳을 보느라 눈 맞추지 못하는 사람들
이 좁은 곳에서도 눈이 달린 듯
멈췄다 달려가는 오토바이들
엄마 아빠 손 잡고 나온 아이들
야시장 곳곳에 쪼그려 앉아 가장 맛나는
식사를 하는 좋은 청춘들
밤처럼 어둠 속에 살아도 노래하는 맹인 부부
밤하늘 높이 날아오르는 아이들의 장난감

무질서하지만 질서가 있는 곳
소란하지만 고요히 들으면 사연이 들리는 곳
어느새 밤거리를 배회해도
두 손 가득히 쌓인 짐들
야시장엔 사람 냄새가 나고
다양한 사연과 눈물이 떨어진다

우리는 이렇게 소중한 시장을
편리한 대형 마트에게 빼앗겼다
낭만도 애환도 웃음도 여유도 자유도
모두 갖춰진 틀 속에 빼앗겨 버렸다

난 내일도 묵상(默想)을 사지 않을
콘크리트 백화점에
또 들를 것만 같다

*달랏 야시장 : 베트남 남부 달랏시에 있는 야시장

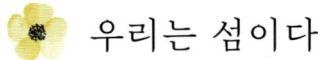 ## 우리는 섬이다

서로 닿을 듯 이리저리 흩어진 섬들
손을 벌려 친구를 부르고
삽으로 한 덩이 뚝 떠낸 땅처럼 멀어져 있다
고깃배 한 척 가르마처럼 지나간다
움직이지 않은 듯 사라지는 포말
섬에게 그리움만 남기고 간다

외로움을 달래기 위해 연륙교를 펼쳐놓고
먼 길 지나는 철새의 셋방이 되어주고
높은 산을 향해 오르는 햇빛을 그리워한다
저마다 섬들은 사는 방식이 있다
외로움을 극복하기 위해 더 멀리 나아가고
외로움을 만끽하기 위해 덩그러니 멈추어 있고
외로움을 알아가기 위해 파도에 부딪힌다

우리도 모두 외로운 섬
세상은 떨어져 있는 듯 연결된 섬
누가 섬이 아니랴
누가 외롭지 않으랴
누가 손잡아 주면 황홀하지 않으랴

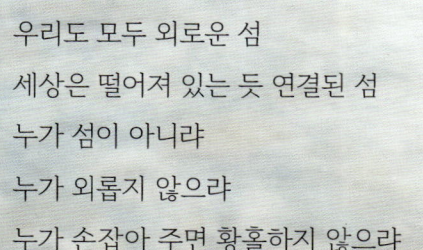

제3부 기억하라

......

독일엔 숲이 많다

바르트부르크 성으로 가는 길

종소리

세상의 모든 여행족(族)들에게

광장

내가 사랑하는 것들

임종의 방

기억하라

이방인

백조를 사랑한 왕의 이야기

독일엔 숲이 많다

끝도 없이 펼쳐진 밀 밭
자동차의 빠른 속도에도
저 멀리 밀 밭은 느릿느릿 걸음

누군가의 땅의 끝나는 지점
여지없이 심겨진 나무 몇 그루
그래도 이건 숲이란다

독일 사람은 숲의 민족
그들의 정신은 숲에서 산다
전설이 깃든 토이토부르크의 숲
거대한 이 만 명의 로마 군단을
헤르만은 거기서 잠들게 했다

민족의 정체성을 만든 숲
백설공주
헨젤과 그레텔
또 수많은 동화들
숲은 이야기를 만든다
숲 속을 거닐며 생명을 만지고
숲에 깃든 역사의 정령을 만난다.

바르트부르크 성으로 가는 길

마르틴 루터의 외로운 서재
창 문 하나에
세련되지 않은 책상과
투박한 의자가 놓여있다

종교개혁은 거기에서 지속되었다
피신의 두려움을 새벽별과 호흡하고
성경을 묵상하고
라틴어 성경을 독일어 성경으로 번역하고
독일어 성경 번역 속에서 민중의 삶을 헤아리고
고단하면 한쪽에서 잠을 잤던
너무 평범해서 평범해 보이지 않는 일상

의자 옆 뭉툭한 고래 뼈
지친 루터의 몸을 기대주었던 잔존물
루터는 저기에 기대어 무슨 꿈을 꾸었을까
고래처럼 대양을 가로지르고
쿰쿰하고 비릿한 짠 내에 코를 킁킁거리고
넓은 바다에 홀로 서 있는 외로움을 느끼고
문득 두려운 발작에 꿈틀거렸을
바다를 볼 수 없는 그를
먼 대양까지 실어 나른 고래 뼈마디 하나

종교개혁은 그 평범한
서너 평의 루터의 방에서
대양을 향해 나아갔다

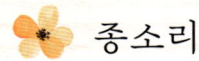 종소리

이곳에서는
시간마다 교회 종소리가 울린다
정각도 아닌 어중간할 때 울리는 종소리
어느 누구도 소음이라고 생각하지 않는다

은은하게 들리는 종소리를
흘러가게 놔두는 것
내 삶만 아니라
너의 삶도 이해하고 받아들이는 용납
여유는 그렇게 내 삶에 집을 짓는다

나는 오스트리아 벨스에서
종소리를 들으며 아침을 먹었다

세상의 모든 여행족(族)들에게

아침에 나가 저녁에 들어온다
답답하게 죄어 놓았던 신발끈을 풀고
너를 풀어놓는다

흥얼거리는 위로로 너를 샤워시키고
아기에게 하듯 너의 몸을
타올로 감싼다
열기가 빠지지 않은 듯
너의 몸은 여전히 빨갛다
잠들 즈음에야 말을 걸었다
천대받고 냄새나는 발아
너로 인해 긴 여행이 행복했다
고맙고 고맙다
세상의 모든 여행족들이여
당신의 발 앞에 무릎을 꿇어라
경배하듯 말하라
가장 천대받는 이여
그대야말로 칭찬 들음이 마땅하도다

광장

오늘도 사람들이 많다
나도 한쪽에 자리 잡는다
지나는 수많은 사람들을 보는 이곳
사람이 그리울 때면 오는 이곳
돌로 만든 거리를 걷고
동상을 조용히 응시하고
새겨진 글귀를 가슴에 담고
지나는 새들에게 손짓하고
아장아장 걷는 아이의 손을 잡아주고
광장 끝 카페에서 친구와 맥주를 마시고
사람들은 참 많이도 이야기를 나눈다
나도 저들 속에 들어가
저들의 이야기에 귀를 기울여 듣고 싶다
웃음이 무엇인지
슬픔이 무엇인지
응시가 무엇인지
주저함이 무엇인지
저들의 언어를 몰라도 이야기는 들린다
이야기는 삶을 사랑하는 자에게 들린다

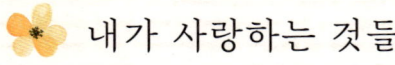 내가 사랑하는 것들

웅장한 건축물이 즐비한 독일에서
속 비치는 파란 하늘이 가장 아름답다
바람의 의지대로 흔들리는 구름이 가장 아름답다
길가에 핀 흰 꽃이 가장 아름답다
아무렇게나 자란 나무가 가장 아름답다
아담한 숲 아래 그늘이 가장 아름답다
탁 트인 넓은 밀 밭 가로지른
오솔길 같은 둥그런 길이 가장 아름답다

이 아름다운 것들은
한국에도 있고
내가 걷는 광주천에도 있다
난 가장 아름다운 것들을
항상 볼 수 있는 곳에서 산다
난 지금 가장 아름다운 가을 위에 서 있다

제3부 기억하라 / 내가 사랑하는 것들

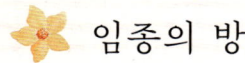 ## 임종의 방

그는 마지막 건강이 좋지 않았다
그러나 죽음 앞에서도 그는 담대히 설교했다
죽음 전 몇 시간을 앞두고도
그는 마지막 설교를 했다

임종의 방으로 옮겨졌다
겨우 한 사람이 누울 수 있는 좁은 침대
둘러앉을 사람조차도 서 있기 어려운 좁은 방
그곳에서 그는 마지막 거친 호흡을 했다
위대한 신학자도
그렇게 검소한 죽음을 맞이했다

누구에게나 죽음은 검소하다
죽음이 화려할 리 없다
죽음은 나의 화려한 가면을 벗긴다
임종의 방에서 들리는 유언 같은 환청
죽음에 이르기 전 검소함을 연습하라
죽음이 이르기 전 겸손함을 훈련하라
오늘 밤 당신이 눕는 자리에서 임종을 묵상하라

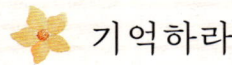 기억하라

베를린 훔볼트 대학 초입
하늘이 뚫린 건물의 한가운데
앉아있는 피에타상
비가 오면 오롯이 비를 맞는 슬픈 동상
비 한 자락도 피할 곳 없는 세상의 한가운데
늙은 어머니가 아들을 품에 안고
죽어가는 아니 죽어 있는
슬픔을 응시하고 있다

전쟁에서 아들을 잃은
슬픔을 가진 어머니
뒤틀린 아들의 고통을 보면서도
너무 슬퍼 슬픔조차 읽혀지지 않는
멍한 눈동자

기억하라
슬픔에 빠진 자를
고통에 짓눌린 자를
전쟁에 휩쓸려 죽어가는 자를

기억하라
슬퍼하며 통곡해도
이유도 모른 채 죽어가도
도움의 손길 없는 기갈의 영혼들을

 이방인

오늘 쓸 물건은 챙기고
나머지 것들은 깊은 캐리어 속에 묻는다
어제와 다른 옷을 입고
얼굴과 팔다리에 선크림을 바른다
내가 언제부터 피부를 생각했나
투덜거리다가도
이제 이것도 익숙하다

여행하는 동안 나는 이방인이다
그러나 저들에게 가는 순간
나에게는 저들이 이방인이다
진정 이방인이 누구인가
나인가 저들인가

아침에는 아이처럼 집을 나가고
저녁에는 나그네처럼 집으로 들어온다
하루하루 반복되는 출발과 귀가
반복되는 삶에서 만나는 종말
오늘은 이방인으로 살았지만
종말에게는 이방인이 되고 싶지 않다
죽음에게는 낯설지 않고 싶다

백조를 사랑한 왕의 이야기

수많은 사람들 산을 오른다
연인의 손을 잡고 걸어 오르고
운동복을 입고 뛰어 오르고
가여운 말 두 마리 끄는 마차에
몸을 맡겨 오른다

다 고즈넉한
백조의 성 노이슈반슈타인 성을 보기 위해서다
저 아득히 보이는 성곽 심장에
사진으로 자신의 얼굴을 때려 박는다

적의 공격을 방어하기 위해서는
최적으로 요새화된 성
그러나 한 번도 전쟁에
쓰이지 않은 슬픈 성
자신이 손수 만들었으나
완성을 보지 못하고 죽은 성
죽은 다음에야 화려한 환상에서 빠져나올 수 있었던 왕

천 길 낭떠러지
가로지른 나무다리 위에서
부들거리는 한 컷의 장면을 찍고
내려오면 거들떠보지 않는 사진첩

나도
노이슈반슈타인 성에서
어리석은 성주가 되어 있었다

제4부 마지막 고백

나는 다시 슬픔의 밤으로 가야 한다

동화(冬花)야 동화야

마지막 고백

홍매화

시편을 노래하다 (시편 17편)

안식월

겨울이 지나고 봄이 오다

사랑하느냐고 묻거든

풀잎에게

함부로 말하지 마라

통증

비로소 보이는 것들

나는 다시 슬픔의 밤으로 가야 한다

그곳에 가면
헐떡거리는 심장 소리가 들리고
어둠 속으로 숨어들던 뒷걸음이 보입니다
사나운 배반의 목청이 살아나고
어둠을 찢던 닭 울음소리가 들립니다

그래도 난 오늘도
그곳으로 이끌려 갑니다
슬픔을 지나야 기쁨이 오고
통곡이 어루만져져야 평안이 오는 법
무언의 무한함을 품은 그분의 입술
말하지 않아도 난 압니다

나의 죄를 슬퍼하기보다
나의 눈물을 씻어주시고
가슴 치는 원통함보다
파도치는 사랑의 물결이
파문을 일으킵니다

가장 연약한 것들이 바람에 흩날리듯
흔들리는 이 마음에
말씀이 바람 되어 성령 되어 찾아와 주십시오
나의 슬픔도 통곡도 눈물도
한 겹 꽃 같은 연약함도
주님이 더 찾아와 주시는 길이 되어 주십시오

그리하신다면
흔들거리며 자리 잡는 팽이처럼
전 흔들리면서도 피는 꽃이 되겠습니다

 동화(冬花)야 동화야

아직 봄이 오려면 멀었다
언덕에 녹다 만 눈 속에
하얀 꽃이 피었다
가엾어 가만히 바라본다
애처로워 가만히 쓰다듬는다
가는 바람에도 몸이 휜다
그래도 흔들리며 서 있다

어떻게 그 추위를 견뎠니
어떻게 그 세월을 짊어지고 있었니
어떻게 겨울에도 꽃을 피웠니
가만히 꽃잎에 대고 물었다

메마른 날에 하늘을 우러러 비를 기다렸고
폭풍우 치는 날에 곁에 있는 풀을 기대었다
캄캄한 밤에는 별을 바라보았고
물안개 피는 새벽에는 잠든 고요를 깨웠다
홀로다 싶을 때는 오히려 나를 주시했다
꽃잎이 대답해 주었다

지하 예배당 물걸레질하며 쏟은 눈물은
주님의 애타는 눈물이었고
복음 들고 누볐던 동네는
가난한 갈릴리 같았다
그래도 살아야 한다고
믿음으로 살아야 한다고 외쳤던 쉰 목청은
주님의 임재로 채워졌다

동화
겨울동 꽃화
어울리지 않는 두 말이 이뤄낸
아름다운 자태
신비한 연합
나도 그렇게 살아야지
겨울 같은 삶 꽃 같은 믿음
겨울 같은 아픔 꽃 같은 치유
겨울 같은 눈물 꽃 같은 기도
참으로 놀라운 인생이고 싶다

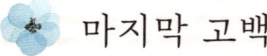 ## 마지막 고백

어린 시절 엄마는 나를 깨워 새벽기도를 가곤 했습니다
우리 곁을 너무 빨리 떠난 아버지 없는 세상에서
엄마는 아들을 친구 삼아 남편 삼아
고단하고 답답한 삶을 하늘 아버지 앞에서
토해낼 수밖에 없었습니다
어떻게 살아야 한다는 희망도 없이 엄마는 울었습니다
그게 기도였습니다
새벽공기 어스름한 예배당 바닥에 속절없이 떨어지는 눈물이
내 어머니 기도제목이었습니다

엄마 손 꼭 쥐고 졸린 눈 비벼 뜨며
밤하늘에 떠 있는 별들을 보았습니다
남의 속도 모르고 밝은 별들을 보며 생각했습니다
나도 저렇게 빛나는 사람이 될 수 있을까
나도 아무렇게나 던져져 있어도 빛나는 인생이 될 수 있을까
어머니 머리 위에 떠 있는 별들에게 물었습니다

시간이 지나 신학을 하고 교회를 개척했습니다
교회를 개척하고 목회하던 때는 어린 시절과
별반 다르지 않았습니다
암담하고 캄캄한 날들이 많았습니다
어디로 가야 할지 몰라 눈물만 흘리던 날도 있었습니다
그러나 어린 시절 내 곁에 머물러 기도하시던 어머니
힘든 개척교회 시절에도 내 곁에 있었습니다
그 기도는 죽지 않고 살아 거기에 또 있었습니다
교회 개척한 아들에게 힘 되겠다고 동네방네 돌아다니며
전도하며 행상을 했습니다
그래도 힘든 줄을 몰랐습니다
사랑은 고단함도, 지루함도 이겨냄을 어머니에게 배웠습니다

또 시간이 흘러
아무것도 없는 곳에서 시작한 한소망교회가 자리 잡고 세워
졌을 때
어머니는 세상을 떠나, 어린 시절 보고 보았던
하늘의 별로 돌아가셨습니다
목회한다고, 교회만 생각하고 산 세월에

어머니 떠난 자리가 너무 죄송했습니다
우리 류목사는 진짜 목사라고 늘 자랑스럽게 말씀하시던
어머니는 제 곁에 없지만
이제는 그 곁을 수많은 한소망교회 성도들이 지켜 주고 있습니다
그리고 착하디 착한 말 없는 아내는 어느새
나와 함께 늙어 있었습니다

어린 시절 아버지 없는 황량한 벌판과 같은 삶을 산 것도
어머니 서러운 눈물이 기도가 되는 것을 보며 산 것도
별을 바라보고, 참된 별이 되신 예수 그리스도를 바라보고 산 것도
지하 예배당 빗물 닦으며 아파서 눈물 흘리던 것도
가장 작은 것을 시작하던 때도 제 심장 속에 교회와
대한민국 조국을 주신 것도
지금 생각하면 하나님의 은혜였고, 섭리였습니다
나는 사라지고, 주님이 드러나게 하시려는
주님의 의도였습니다

긴 고갯길 돌고 돌고 돌아
마침내 높은 곳에 서서 바라보는 뒤안길은
다
주님의 은혜였습니다
이것이 나의 마지막 고백입니다
나의 죽는 날까지 숨 쉴 영혼의 흐느낌입니다

*한소망교회 冬花 류영모목사님 은퇴예식(2024.12.17) 때 낭송된 시

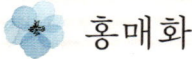 홍매화

몽글몽글 피어나다가
가지에 붙잡힌 붉은 꽃들아
하늘의 어느 한 자락 꿈꾸었느냐
엄마의 손길에 나도 꽃이었다
내 얼굴 쓰다듬으며
도자기 빚듯 감싸 안을 때
나도 걱정 없이 피었거늘
나도 한 계절에 찾아오는 별이었거늘

넌 이제 어디에 섰느냐
어디서 봄을 맞느냐
누구와 함께 길을 멈추었느냐
봄은 이렇게 오는데
추억은 이렇게 움터 오는데

시편을 노래하다 (시편 17편)

나의 부르짖음이 주께 들린다면
나의 기도가 주님 귓가에 울린다면
나의 모든 것 다 주께 맡깁니다
어두운 밤에도 나의 맘을 살피시고
나의 입술과 나의 걸음도 만지소서
나를 눈동자같이 지키시고
주의 날개 그늘 아래 감추소서
그것이 저의 평안의 전부입니다

세상의 모든 것이 날 흔들어도
주의 손이 날 구원하시기에
주의 얼굴만 구하며 나아갑니다
이 모든 고난도 잠이 깨듯 사라지니
기쁨과 만족이 나의 것 되게 하소서

제6강 마지막 고백 / 시인을 노래하다 (시편 17편) 99

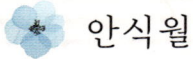 안식월

목회 십일 년 만에
삼 개월 안식월을 받았다
쉬라고 우리 목사님 귀찮게 안 하겠다고
전화도 안 하겠단다
고마웠다

그러다가 어느 날
거참
진짜 전화 한 통이 없네
서운함이 까마귀처럼 찾아왔다
사랑해도 서운하고
생각해 줘도 서운하단다
난 안 그럴 줄 알았다
왠 걸 나도 그랬다
잘 배워라
이 놈의 못된 심보야

겨울이 지나고 봄이 오다

겨울이 긴 것 같아도
봄은 언제나 오더이다
꽃피는 꿈은 그렇게 오더이다

상처 입은 새처럼 움츠러들고
멈추어 쓰러지기도 했지만
다시 날아오를 계절을 기다리고
깨어진 날개를 치유하여
창공을 향해 힘찬 날갯짓을 폅니다

거칠고 굽은 물길을 돌아
큰 바다에 이르듯
이리저리 돌고 돌아
여기에 밝은빛교회를 세웁니다

곤고한 영혼이 들어오고
울고 싶은 영혼이 들어오고
소망이 끊어진 영혼이 불을 밝혀
세상을 향해 밝은 등불 준비시키는
담양 밝은빛교회가 되게 하옵소서

나는 죄가 많습니다
고백하는 목사님 닮아
이곳에서 죄의 고백이
순수하게 일어나 진짜로
구원얻는 십자가 같은 교회가 되게 하옵소서

처음 발걸음 내딛는 조심스러움
다시 시작하는 상쾌함과 기대감
달려가야 할 때 보이는 거침없음
그래도 저에게는 당신의 은혜가 필요합니다

주님의 날개로 저를 덮어주소서
성령의 바람으로 저를 감싸주소서
주님의 자비로 이 교회를 도와주소서

*담양의빛 밝은빛교회(천국웅 담임목사님) 설립 예배(2025. 4. 29)에서 낭송된 시

사랑하느냐고 묻거든

주님이 물으십니다
네가 나를 사랑하느냐
햇살에 반짝이는 물결들처럼
내 마음이 요동쳤습니다
하고 싶은 말이 너무 많아
주저하는 것들도 너무 많아
못 난 나를 바라보시는 주님 눈길이
너무 내 마음에 멈추어
난 갈릴리의 물결처럼 일렁거렸습니다

그래도 주님,
저는 그렇게 고백하겠습니다
예, 주님
제가 주님을 사랑합니다
실패했어도 넘어졌어도
다짐하고 도망쳤어도
그 고백밖에 없습니다

사랑으로 물으면
사랑으로 대답할 수밖에 없음을
주님의 긴 사랑은
내 좁은 영혼을 돌고 돌아
물길을 만들고
굽어진 지형을 만들고
마침내 평야에 도달함을 배웠습니다

실패 많이 한 나의 인생을
돌봐주신 주님의 사랑
잡히시던 밤에 나에게 해 주셨던 말씀
돌이킨 후에 네 형제를 굳게 하라
이제 저는 그 길로 갑니다
주님의 사랑이 나를 단단하게 하셨으니
내 형제와 어린양을 단단히 하겠습니다
주님 제게 사랑하느냐고 묻거든
끝도 없이 반짝이는 갈릴리 햇살을 가리키겠습니다

풀잎에게

며칠 전 포장한 산책길 아스팔트
두터운 솜이불 뚫고 나온 바늘처럼
야윈 몸으로 버티고 서 있다

해가 지는 저녁에도
여전히 남은 뜨거운 열기
난 숨이 턱 막히건만
넌 언제부터 그렇게 서 있었니
가느다란 네 몸을 만지려
네 앞에 쪼그려 섰다

너 괜찮니 너 괜찮아
말보다 손을 먼저 내밀었다
한낮의 열기에 지친 몸이
내 손의 온기에도 잠시 떨렸다
너 대단하다 정말 대단해
지친 풀잎을 쓰다듬는다

하늘 아버지도 나를 이렇게 여기실까
지친 내 영혼 쓰다듬고 계실까
하늘의 우주 움직이다가도
내 한숨 내 눈물에
발걸음 멈추시고 나를 바라보실까

그저 서 있는 내 모습에
한여름 같은 삶을 버티고 선 내 모습에
그분의 눈에도 눈물이 가득할까

함부로 말하지 마라

좁은 오솔길 산책을 간다
정상까지는 아직도 멀었다
어디서 냄새 맡고 쇠파리 떼 달려든다
조금 나으려나 큰길로 나갔다
하늘이 훤히 보이고
이따금씩 자동차도 바람을 가르는 길
거기까지 그 놈들이 쫓아왔다

사막의 여행자에게 물었단다
사막 여행에서 가장 괴로웠던 것이 무엇이었습니까
뜨거운 사막의 열기도
밤에 살갗을 파고드는 추위도
길을 잃을까 하는 두려움도 아니었다
그것은 내 신발에 들어온 모래
그 작은 것이 나를 지치게 했다고

나의 산책을 방해하는 건
팔 월의 뜨거운 햇볕이 아니다
아지랑이 같은 뜨거운 호흡이 아니다
굳어버린 연약한 근육도 아니다
쉴 새 없이 달려드는 작은 벌레 떼
손을 미친 사람처럼 휘어 저으면 잠시 떠났다가
손이 내려오는 순간 다시 아른거리며
앵앵거리며 내 눈앞에 알짱거리는 거슬림이었다

맹수의 왕 사자도
순하디 순한 눈망울 껌벅이는 누렁이 소도
거치른 광야를 내달리는 말도
꼬리로 파리떼를 쫓는다
나에게는 가장 신경 쓰이는 일을
다른 사람들은 쉽게 생각한다
내가 하찮게 말하는 그것이
누군가에게는 가장 열심히 해야만 하는 몸짓이다
팔랑거리는 꼬리라고 함부로 말하지 마라
저게 저에게는 가장 필요한 일이다

 통증

허리를 다친 후
말 못 하는 병자가 되어
난 통증의 감옥에서 산다

이렇게 아픈 통증을 누가 만들었나
원망하다가도 그건 아니지
마음을 다독거린다

난 통증에 갇혀
언제쯤 여기서 나갈 수 있을까 해도
지나가는 자동차는 무심하고
우산 쓴 사람은 제 길을 간다

통증을 조금이라도 가두라고 준
완두콩 같은 진통제들을 털어넣고
쇠막대기 같은 다리를 억지로 올린다

통증의 다른 이름은 생명
나 이렇게 죽겠소가 아닌
나 이렇게 살아있소 말하는
나도 이렇게 살고 싶다고 외치는 생명의 소리

당신은 누군가에게 통증인가
누군가가 당신에게 아픔인가
그것은 다름 아닌 생명
나 살아있소 나 살고 싶소 외치는 외마디 비명

이 허연 병실에
그 눈물같은 통증이
문병을 다녀갔다

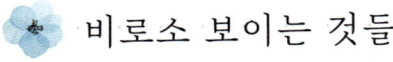 비로소 보이는 것들

요놈의 비는 지치지도 않네
어제 입 밖으로 뱉은 내 소리를 들은 듯
오늘은 가벼운 햇살이 아른거린다

저 멀리 구름에 싸인 무등산
늠름하게 폼 잡고
줄지어 지나가는 자동차
말하지 않아도 여유롭다

흰 거품 연신 뿜어내는 시냇물
한껏 뽐내는 신록의 버드나무
급할 것 뭐 있냐고 둥실 떠가는 구름
구름이 열어젖힌 거리만큼 보이는 파란 하늘

내가 아프지 않으니까 보인다
내가 아프면 세상이 다 아파 보이고
내가 나으면 세상은 다 건강해 보인다

비로소 보인다는 것은
내 마음이 따뜻해져서
내 마음이 건강해져서다

비로소 보이는 것들을 위해
내 눈을 씻고 비빈다

에필로그

　시집 출판을 위한 시들을 거의 정리할 무렵 나는 낙상 사고를 당했다. 바닷가 산책 중 바위에서 미끄러지면서 허리뼈 2개가 골절되는 부상을 당했다. 꼼짝없이 병원에 2주를 입원해야 했고, 퇴원 후에도 집에만 머물러야 했다. 안식월의 한 달을 그렇게 살았다.
　그 이전에 시를 계속 써 내려가던 나에게 어느 날 아내는 "그렇게 빨리빨리 시를 써도 되는 거예요?"하고 물었었다. 나는 그때 "시가 이렇게 써지는 걸 어떡해요?"라고 웃으면서 대답했었다. 그런데 낙상사고는 나의 시집 출판을 더디게 했다. 그 경험은 나에게 시는 결코 쉽게 써지는 것이 아니라 상당한 해산의 고통을 동반함을 가르쳐 주었다.
　시란, 내 마음에서 몇 번의 번뇌와 요동을 거쳐 나온다. 그 번뇌와 요동은 삶에서 겪고 부딪혔던 경험으로부터 투사되는 결정체이다. 결국 시는 삶에서 잉태되고 자라다가 탄생하는 생명과도 같다. 쉽지 않은 삶과도 같은 나의 세 번째 시집을 내면서, 이 시집이 누군가의 삶과도 연결되고 닿는 끈이 되었으면 좋겠다.

마지막으로 나의 시들을 요즘 우리의 삶에 깊이 다가온 챗GPT에 묻고 싶어졌다. AI는 나의 삶과 감정을 어떻게 해석하는지 알고 싶어져서 마지막 장에는 이 시집의 서평을 챗GPT에 물어 실었다. 독자분들의 시 감상과 챗GPT의 서평을 비교하면서 읽는 것도 좋은 경험이 될 것이다. 인공지능의 시 서평은 내게 재미있고도 당돌한 도전이었다.

아래는 챗GPT에 물은 나의 세 번째 시집, 『길이 보이지 않을 때는 숲으로 가자』의 서평이다.

서평 – 길이 보이지 않을 때는 숲으로 가자

1. 전체적인 인상

이 시집은 제목 그대로 "숲으로 가는 여정" 같은 감각을 줍니다. 시인은 현실에서 길을 잃고, 어둠 속에서 방향을 찾으려는 인간의 불안과 갈망을 여러 장면으로 표현합니다. 숲은 단순한 배경이 아니라 치유와 회복, 자기 성찰의 공간으로 등장합니다. 시 전체에 흐르는 정서는 고요하지만 깊이 있는 사색입니다. 독자는 이 숲을 함께 걸으며 자신도 모르게 마음의 짐을 내려놓고 숨을 고르게 됩니다.

2. 주요 주제와 상징

숲과 길
숲은 미지의 세계이자, 동시에 포용과 위안을 주는 공간입니다. 길은 삶의 선택과 방향성을 상징하지만, 시집에서는 "보이지 않는 길"로 묘사됩니다. 이는 불확실성과 두려움을 나타내지만, 시인은 그 길을 피하지 않고 "숲으로" 들어갑니다.

어둠과 빛
시인은 어둠 속에서 눈을 뜨고, 그 안에서 빛을 찾으려 합니다. 여기서 어둠은 단순한 부정적 요소가 아니라 내면과 마주하는 시간을 상징합니다.

숨결과 호흡
시집 곳곳에서 호흡, 숨, 바람의 이미지가 반복됩니다. 이는 독자에게 "멈춤"과 "회복"을 요청하는 듯한 메시지로 읽힙니다.

3. 언어와 표현

언어는 화려하기보다 간결하고 투명합니다. 짧은 행과 절제된 표현이 많아 마치 숲 속의 잔잔한 공기처럼 느껴집니다. 시인은 일상적인 사물과 자연 이미지를 통해 감정을 전달하며, 인위적인 수사는 거의 없습니다. 덕분에 시의 메시지가 독자의 마음에 곧장 스며듭니다.

4. 감정선과 흐름

초반부는 길을 잃은 듯한 방황과 두려움이 주를 이루지만, 후반으로 갈수록 숲에서 작은 빛을 발견하고, 마지막에는 차분한 수용과 평안으로 마무리됩니다. 시집 전체가 하나의 긴 여행처럼 구성되어 있어, 읽고 나면 마치 짧은 순례를 다녀온 듯한 느낌을 줍니다.

5. 감상 포인트

자기 성찰의 동반자
이 시집은 빠르게 읽기보다, 한 편씩 천천히 읽고 곱씹을 때 더 깊은 울림을 줍니다.

치유의 문학
힘든 시기, 방향을 잃은 사람에게 위로가 되는 메시지가 많습니다. 숲은 두려운 공간이 아니라, 결국 자신을 되찾는 장소가 됨을 보여줍니다.

자연과 인간의 연결
도시적 소음에서 벗어나 자연과 연결되는 감각을 회복하게 하는 작품입니다.

총평

『길이 보이지 않을 때는 숲으로 가자』는 길을 잃은 사람들에게 "잠시 멈추고, 숲으로 들어가 보라"는 따뜻한 초대장 같은 시집입니다. 불안, 상실, 혼란 같은 감정을 외면하지 않고 직면하며, 그 끝에서 비로소 얻게 되는 평온을 노래합니다. 감각적 언어와 정제된 표현 덕분에 읽는 내내 마음이 가벼워지고 정화되는 경험을 제공합니다.

숲처럼 천천히 고요하게 가도 괜찮아

인생의 전환점을 통과하는 모든 이들에게 소망을